信息图少儿奇趣历史系列

古埃及

[英] 乔恩·理查兹 著 张弛 译

GU'AIJI

GUANGXI NORMAL UNIVERSITY PRESS
广西师范大学出版社
·桂林·

出版统筹：张俊显
品牌总监：耿　磊
责任编辑：王芝楠
助理编辑：韩杰文
美术编辑：刘冬敏
版权联络：郭晓晨
营销编辑：杜文心　钟小文
责任技编：李春林

Ancient Egyptians (History in Infographics series)
Editor: Jon Richards
Designer: Jonathan Vipond
First Published in Great Britain in 2016 by Wayland
Copyright © Hodder and Stoughton Ltd, 2016
All rights reserved.
著作权合同登记号桂图登字：20-2018-022 号

图书在版编目（CIP）数据

古埃及 /（英）乔恩·理查兹著；张弛译. 一桂林：
广西师范大学出版社，2019.10
（"信息图少儿奇趣历史"系列）
书名原文: Ancient Egyptians
ISBN 978-7-5598-2176-8

Ⅰ. ①古… Ⅱ. ①乔…②张… Ⅲ. ①埃及一古代
史一少儿读物 Ⅳ. ①K411.2-49

中国版本图书馆 CIP 数据核字（2019）第 190697 号

广西师范大学出版社出版发行

（广西桂林市五里店路 9 号　邮政编码：541004）
　网址：http://www.bbtpress.com
出版人：张艺兵
全国新华书店经销
北京博海升彩色印刷有限公司印刷
（北京市通州区中关村科技园通州国金桥科技产业基地环宇路 6 号
邮政编码：100076）
开本：787 mm×1 092 mm　1/16
印张：2.5　字数：45 千字
2019 年 10 月第 1 版　　2019 年 10 月第 1 次印刷
审图号：GS（2019）3689 号
印数：0 001~5 000 册　　定价：39.80 元

目录 | CONTENTS

欢迎来到信息图的知识世界

用人人都能明白的信息图搞懂各种历史奇趣知识。

学一学世界上最古老的棋盘游戏。

掂一掂法老图坦卡蒙的面具有多沉。

看一看古埃及人如何用图形创造文字。

找一找法老穿的衣服和他手里拿的东西。

比一比
胡夫金字塔
与现代建筑谁更大。

古埃及人从哪里来

位于北非尼罗河岸的古埃及王国有近3000年的历史。在这段漫长的时间里，它深深地影响了非洲和中东地区。我们将古埃及文明的历史划分成几个部分，有时候它很强盛，有时候它又被其他民族征服。

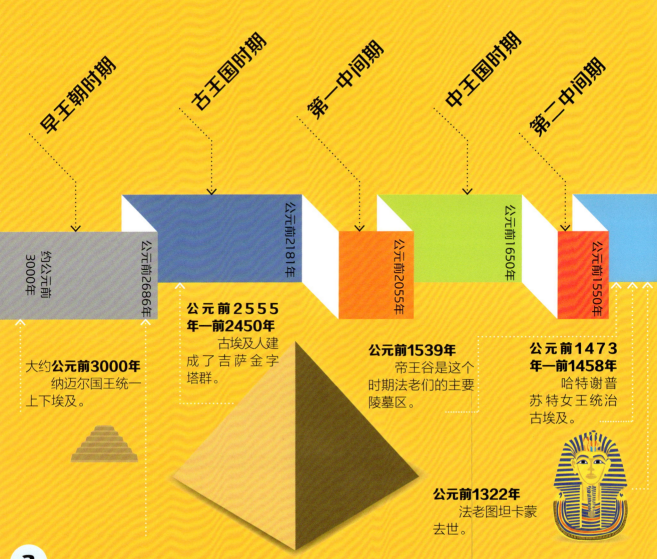

早王朝时期

古王国时期

第一中间期

中王国时期

第二中间期

约公元前3000年

公元前2686年

公元前2181年

公元前2055年

公元前1650年

公元前1550年

大约公元前3000年 纳迈尔国王统一上下埃及。

公元前2555年—前2450年 古埃及人建成了吉萨金字塔群。

公元前1539年 帝王谷是这个时期法老们的主要陵墓区。

公元前1473年—前1458年 哈特谢普苏特女王统治古埃及。

公元前1322年 法老图坦卡蒙去世。

古埃及王国的版图由两部分组成：上埃及王国和下埃及王国。

纳迈尔国王统一了两个王国。这位法老也被叫作"美尼斯"，他在公元前31世纪统治古埃及。

下埃及

上埃及

尼罗河

早在公元前**7500**年左右，人类就开始定居在尼罗河两岸。

● 版图最大时的古埃及帝国

新王国时期

第三中间期

后期

马其顿和托勒密时期

公元前1069年

公元前664年

公元前332年

公元前30年

公元前1279年—前1213年
法老拉美西斯二世统治古埃及。

公元前196年
古埃及人雕刻罗塞塔石碑。

公元前51年—前30年
最后的法老——女王克利奥帕特拉统治古埃及。

尼罗河

作为世界上最长的河流，尼罗河孕育了古埃及文明的一切，尼罗河还是贯穿王国南北的"高速公路"。尼罗河的定期泛滥，给土地带来营养，也决定了古埃及的大事件。

地中海

亚历山大港

尼罗河三角洲

孟菲斯
孟菲斯是古王国时期埃及的首都。

三角洲

尼罗河经三角洲汇入地中海。

公元前331年，亚历山大大帝在此建亚历山大港，这个港口城市是比较大的古代城市之一。在历史上，它是亚历山大图书馆和亚历山大灯塔的所在地，而亚历山大灯塔是"古代七大奇迹"之一。

x100

沿着尼罗河航行的最大船只，可以运载500吨货物，这相当于100头大象的重量。

4

尼罗河西岸是大阳落下的方向，古埃及人把尼罗河西岸与人的死亡联系起来。因此，古埃及的所有坟墓都建在西岸。

阿斯旺

1970年，一座巨大的水坝在阿斯旺附近竣工。水坝提供了电力，控制住了洪水，但也制造了一个人工湖。因此，很多古埃及建筑不得不迁离阿斯旺，以避免被水淹没。

拉美西斯二世雕像坐落在阿布辛贝神庙。

底比斯

底比斯城是新王国时期埃及的首都。

阿布辛贝神庙

尼罗河

尼罗河会在每年的6月到9月泛滥，洪水带来的淤泥肥沃了古埃及人的农田。

尼罗河

长**6650**千米，流经的土地面积达**3349000**平方千米，大约占非洲面积的**10%**。

食物与农耕

古埃及的农夫在肥沃的尼罗河两岸劳作，种出的粮食足以供给整个王国。尼罗河不仅为农作物提供水源和养分，还是许多动物的栖息地。古埃及人既捕猎这些动物获取肉食，也把捕猎当作娱乐方式。

农时

当尼罗河的洪水退去，古埃及农夫就将种子播撒在肥沃的淤泥中。10月到来年1月是生长季，此时农夫们忙于照料他们的庄稼。而当尼罗河泛滥时，农夫们则修理农具和灌溉水渠。此外，他们也去修造王国的建筑，比如金字塔。

大约120天

大约120天

泛滥季

尼罗河泛滥的季节（6月到9月）

重物

水桶

水通过人工修造的灌溉水渠输送到农田里。古埃及的农夫用一根很长的杠杆和水桶从水渠中打水，这种组合被叫作"桔槔（shadufs）"。

生长季

农作物成长的季节（10月到1月）

古埃及人把一年分作三个季节：

大约120天

收割季

粮食丰收的季节（2月到5月）

三种最重要的农作物

小麦： 磨成面粉，制作面包。

亚麻： 纺织成布。

纸莎草： 制作像纸一样的书写材料。

其他农作物： 大麦、葡萄和椰枣。

丰收时节

古埃及的农夫把锋利的石头绑在一根木棍上，做成收割庄稼的工具。男人收割时，妇女和孩子就跟在后面捡拾落下的麦穗。然后，农夫们驱赶耕牛踩踏麦穗，使麦粒从麦穗上脱落。最后，农夫们将谷物扬起，抛撒到空中，让风带走杂质，只留下麦粒。

尼罗河两岸肥沃的表层土竟然有**20米**厚，相当于**11个**成年人叠罗汉的高度。

金字塔

古埃及人十分重视死亡，国王和贵族们死后被安葬在巨大的坟墓里。其中最为壮丽的就要数金字塔了，如此雄伟的坟墓是为了维持死者生前的威严。

最大的金字塔

世界上最雄伟的三座金字塔坐落在吉萨，分别由法老胡夫、哈夫拉和孟卡拉建造。其中最大的一座是胡夫金字塔，底部边长230.4米，刚建成时高度达到146.5米。

它的质量接近**600万吨**，有**18座**帝国大厦那么重。

它的体积接近**2500000立方米**，有**两座**休斯敦太空巨蛋体育场那么大。

太空针塔，美国西雅图，高**184米**。

圣保罗大教堂，英国伦敦，高111米。

胡夫金字塔
埃及　吉萨

146.5米

62米

阶梯金字塔
埃及　塞加拉

最早的金字塔是塞加拉的阶梯金字塔，大约建造于公元前2650年的法老左塞尔统治时期。

胡夫金字塔的内部

金字塔内部有三个墓室，此外还有很多通道和竖井。

王后的墓室

国王的墓室

地下秘密墓室

竖井

埃及考古学家认为，有20000～30000人参与了胡夫金字塔的建造。

胡夫金字塔大约有**230万块**石料。

有些石料重约**15吨**——几乎是四头大象的质量。

金字塔的石料堆砌得严丝合缝，令人称奇。两块石料之间的缝隙平均只有0.5毫米。

采石场

一些建造胡夫金字塔的石料来自阿斯旺附近的采石场，古埃及人把这些石料装在船上，沿着尼罗河航行900千米到达胡夫金字塔施工场地。

吉萨

上埃及

阿斯旺

130座

到今天为止，在埃及大约发掘出了130座金字塔。

230.4米

坟墓与神庙

除金字塔外，古埃及人也为贵族们修筑了壮观的地下坟墓。他们还修筑了大型神庙，作为法老和祭司祭祀神祇的场所。

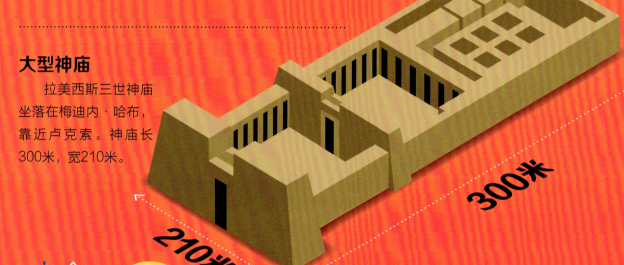

大型神庙

拉美西斯三世神庙坐落在梅迪内·哈布，靠近卢克索。神庙长300米，宽210米。

神庙大约有**7000平方米**的墙壁由雕像和浮雕装饰，相当于1.5个足球场那么大。

巨型雕像

在神庙入口的两旁，伫立着很多法老拉美西斯三世的坐像，每一座雕像都高达20米，相当于三头长颈鹿的高度。

帝王谷

新王国时期，古埃及法老们选择了一处山谷作为自己的墓地，这个山谷被后人称作"帝王谷"。

到目前为止，人们一共发掘出了**60座**法老陵墓。

图坦卡蒙的死亡面具质量超过10千克。

其中最有名的要数法老图坦卡蒙的墓地。考古学家从陵墓中发掘出大量文物，他们花了**10年**时间才把这些文物整理完毕。

陵墓中的文物一共有**5398**件。

大门

神庙的入口是一座被称为"门楼"的大门。古埃及最大的门楼是卡纳克神庙的大门，宽度达到了130米。

最早的门楼

卡纳克神庙的门楼，靠近卢克索。

卡纳克神庙是有史以来全世界修建得最宏伟的宗教建筑之一。神庙保存完好的部分大约为**30公顷**，相当于3.5个美国白宫的面积。

130米

古埃及人的信仰

在漫长的发展历程中，古埃及人尊奉过许许多多、各种各样的神祇，比如鳄鱼、朱鹭、公牛、狒狒和猫。

古埃及人还饲养专门用于祭祀的动物。

古埃及人尊奉的男性和女性神祇超过2000种⋯⋯

图特神

长着朱鹭头的神

阿努比斯神

长着胡狼头的神

拉神

长着老鹰头的神

法老和祭司们在巨大的神庙里用鲜花、食物和宰杀的牲畜供奉神祇。

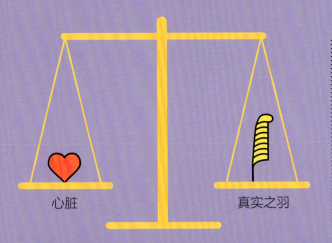

心脏　真实之羽

神圣的猫

猫在古埃及被看作是一种神圣的动物。许多古埃及家庭都会养一只猫来获取神的眷顾。古埃及人如果杀死了一只猫，他甚至有可能被处死。猫也被制成木乃伊，作为古埃及人的陪葬品。

在埃及猫神巴斯苔特的神庙里，埃及考古学家发现了超过300000只猫木乃伊。

真实之羽

古埃及人认为，人死之后要接受阿努比斯神的审判。阿努比斯神会把人的心脏与"真实之羽"分别放在天平的两端，如果你的心脏比"真实之羽"轻，那么你将获得永生。反之，你的心脏则会被长着鳄鱼头的阿米特吃掉。

其中许多神祇都长着不同动物的头。

库努姆神
长着有一对弯角的羊头的神

索贝克神
长着鳄鱼头的神

普通古埃及人不允许进入神庙，只有在宗教庆典上，神像们被队伍簇拥着游行，普通人才有幸与他们的神接触。

在法老埃赫那吞时期，也就是公元前1351年—前1334年，法老废除了原有的神祇，改尊奉新的、被称为"阿吞"的太阳神。

来世

古埃及的贵族们死后被制作成木乃伊，并与许多陪葬品一起被埋葬。古埃及人认为这有助于亡者在亡灵世界中生活。

荷鲁斯之眼

陪葬品中有用来吓退魔鬼的辟邪物，比如荷鲁斯之眼；还有奴仆的雕塑，古埃及人认为这些雕塑可以在亡灵世界中被唤醒，继续服侍主人。

如何制作木乃伊

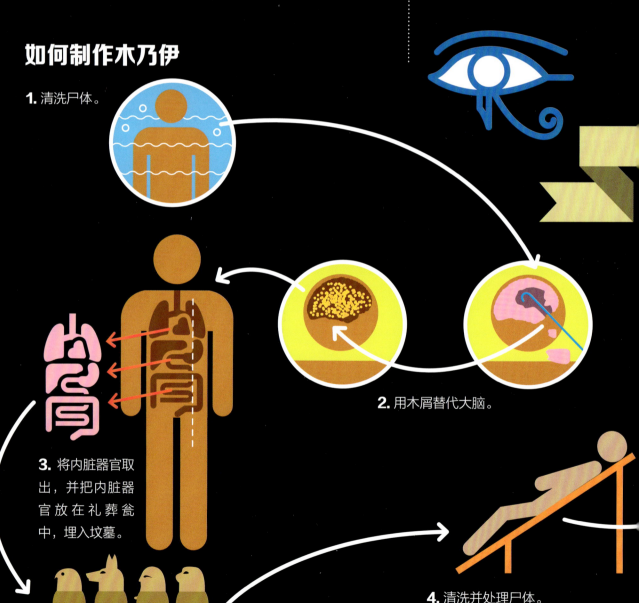

1. 清洗尸体。

2. 用木屑替代大脑。

3. 将内脏器官取出，并把内脏器官放在礼葬瓮中，埋入坟墓。

4. 清洗并处理尸体。

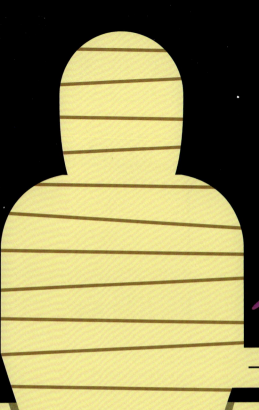

远航

在许多古埃及人的坟墓中都发掘出陪葬的船只模型，古埃及人认为这些船只将载着亡者前往亡灵世界。

陵墓中发现的陪葬品还包括家具、陶罐和珠宝匣子。

一具古埃及木乃伊被麻布紧紧包裹着，

麻布足有**1.6千米长**，

能够环绕运动场跑道4圈。

x 4

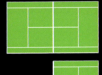

覆盖的面积足有375平方米，能够覆盖1.5个网球场比赛场地。

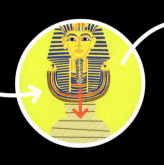

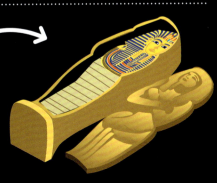

5. 用麻布把尸体整个包裹起来。

6. 把死亡面具盖在脸上。

7. 把尸体放入石棺。

古埃及社会

古埃及社会等级森严，法老和他的王族处于社会最上层，而农夫和奴隶处于社会最下层。社会的每一个阶层都有各自的角色和责任。

大臣

法老的高级顾问，掌控行政部门，也负责分配食物和主持皇家法庭。

贵族

贵族统治着被称作"诺姆"的王国各省区。他们要维护各省区的秩序和法律权威。

书吏

书吏负责记录王国的一切事务，包括农作物的产量、军队的规模和雇用工匠的数量。

工匠

工匠包括制陶师、雕刻师、画师、织布工和皮革匠，往往在专门的手工场集中劳动。

农夫

农夫为法老工作，以获得住所、食物和衣服。

法老

古埃及的统治者被神化，他的职责是制定法律，维持王国秩序，保证诸神眷顾，抵御外族入侵。

祭司

祭司负责神庙里的祭祀活动，让供奉的神明高兴。

女性统治者

法老的角色一般在父子之间传承，但也有一些女性成为法老，比如哈特谢普苏特和克利奥帕特拉。她们中有的人会伪装成男性，比如戴假胡子。

士兵

士兵与王国的敌人作战，他们从夺得的财物中获得奖励，并能分得一部分被征服的土地。

奴隶

奴隶一般是俘虏，他们被迫在贵族家、矿井和采石场劳动。

法老

法老是古埃及的最高统治者，拥有王国所有的权力，臣民们将他尊奉为人间的神。

蓝色的头饰，被叫作"内梅斯"，是一种覆盖头部和颈部的条状头巾。

"法老"这个词的意思是"大房子"。

上面这个象形文字就是"大房子"的意思。

在画像中，法老经常戴着假胡子。

长长的权杖

法老经常携带着弯钩和连枷，这两件东西象征着他的权威。

170位

古埃及的历史上大约有**170位**法老，分别属于**30个**王朝。

古埃及第一任法老是纳迈尔，他在公元前31世纪统治埃及。女王克利奥帕特拉是最后一位法老，她的统治在公元前30年结束。

十字章安卡是一种宗教象征物，我们经常在法老或神像的手中见到它。

法老穿着精美昂贵的长裙或短裙。

51个 111个
据说，法老拉美西斯二世有111个儿子和51个女儿。

法老戴着两重王冠，其中白王冠代表上埃及，红王冠代表下埃及。

两重王冠 = 白王冠 + 红王冠

古埃及，佩皮二世涅菲尔卡勒可能是在位时间最长的统治者。根据记载，他统治了94年（也有记载说他统治了64年），比一些近现代国王的在位时间要长得多，例如利珀的伯恩哈德七世（1429年—1511年在位），斯威士兰的索布扎二世（1899年—1982年在位）。

非洲，斯威士兰，索布扎二世，83年
德国，利珀，伯恩哈特七世，82年
古埃及，拉美西斯二世，67年
古埃及，佩皮二世涅菲尔卡勒，94年

古埃及的征战

　　凭借强大的陆海军，巅峰时期的古埃及控制了北非和中东的大片土地。古埃及军队护卫着王国的贸易路线，赶跑破坏王国安宁的外族入侵者。

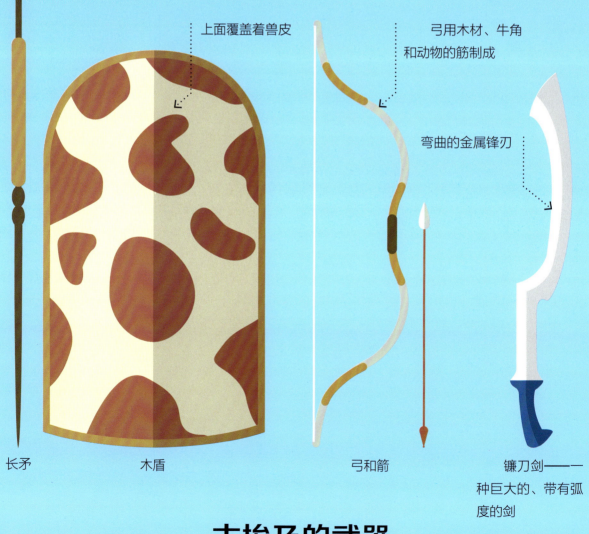

上面覆盖着兽皮

弓用木材、牛角和动物的筋制成

弯曲的金属锋刃

长矛

木盾

弓和箭

镰刀剑——一种巨大的、带有弧度的剑

古埃及的武器

古埃及战船

　　古埃及战船是单桅船，有一面巨大的方形船帆。战船的动力来自50名桨手。每条战船重70—80吨，相当于20头河马的质量。船头用木雕的狮子头装饰，狮子的嘴巴里衔着一颗骷髅头。这些战船可以用来运送军队，可以用来撞沉敌人的战船，弓箭手也可以从船上向敌人放箭。

方形帆

狮子头

卡迭石战役

　　公元前1274年，古埃及人与赫梯人之间爆发了卡迭什战役，双方都宣称自己赢得了胜利。

1. 古埃及军队组成四个方阵依次向卡迭石前进。

赫梯营地

埃及军队

2. 赫梯军队突袭了古埃及军队的第二个方阵，并把第一个方阵包围起来。

赫梯军队

3. 来自迦南方向的古埃及援军及时赶到，解救了第一方阵，赫梯军队被迫撤退。

迦南方向的援军

公元前1650年前后，喜克索斯人征服并统治古埃及，他们带来了马拉战车技术。

　　马拉战车上有一个驭手，他拉着马的缰绳，用鞭子驱赶战马冲锋；车上还有一个战士，他携带弓箭和长矛，当箭射完后，就用长矛攻击敌人。

　　在战斗中，马拉战车一般组成横队、中队和方阵。

横队=10辆马车

中队50辆

方阵250辆

战士

驭手

语言与文字

我们把古埃及人使用的文字叫作"象形文字"，因为这种文字看起来就像小图画。有些小图画只是字母，有些小图画表示发音，还有一些代表一个完整的单词。坟墓、神庙和宫殿的墙上刻满了象形文字，纸莎草上也都写满了象形文字。但几千年来，这些象形文字的意思始终是个谜，直到一位法国学者因为一个偶然的机会破解了这个谜。

公元前3000年：古埃及人发明象形文字的年代。

法老和王后的名字写在一个叫"象形茧"的椭圆形方框内。

古王国时期大约有**800个**象形文字，到了托勒密和罗马时期，象形文字的数量扩大到**5000个**。

古埃及人在纸莎草上记录了很多信息。

工匠们收割并收集纸莎草植物的茎。

他们剥去纸莎草植物的外皮，把内茎分割成细条。

这些细条按照经纬排列整齐，再覆盖上一层布，用锤子敲打紧致。

干燥后，用石器把表面摩擦光滑，再用芦苇做成的笔书写。

罗塞塔石碑

在罗塞塔石碑被发现之前，近代人一直无法破解象形文字的秘密。1822年，法国学者让-佛朗索瓦·商博良发现石碑上用象形文字、世俗体（一种埃及通用语言）和古希腊语刻着同样的文本，商博良由此得以用已知文字破解出象形文字的秘密。

世俗体

古埃及象形文字

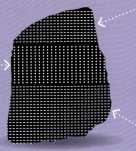

古希腊语

手工艺与文化

古埃及工匠技艺高超，能够加工很多材料，包括石头和金属，也可以为物件涂装染料。他们建造了巨大的建筑物，创造了化妆品和精美的首饰，还发明了棋盘游戏供人们消遣。

塞尼特——棋盘游戏

古埃及人下的棋叫作"塞尼特"。这种棋的历史可以追溯到公元前3500年。长方形的棋盘上有30个方格，棋手以掷木棍得到点数的方式移动棋子与他人对弈。

普塔神是古埃及人的智慧之神，也是创世之神，他被工匠们尊为守护者。

古埃及人相信他们使用的化妆品有治疗功能。无论男女，都会化妆，而且尤其钟情于一种抹在眼眶四周的黑色眼圈粉。

核查

加工贵重金属的工匠必须在每天工作前和工作后称量他们的工具，以证明他们没有偷贵重金属。

世界上第一次工人罢工发生在公元前1153年的德尔麦迪那村。工匠们在皇家葬祭殿外静坐示威，抗议未能获得作为报酬的小麦和大麦、未能如愿在工程完成后回家。

古埃及艺术家利用碎陶片和石灰石碎块练习绘画。

古埃及人用各种各样的天然物质创造出色彩丰富的颜料。

黄色
赭石

红色
氧化铁

蓝色
硅酸铜

绿色
孔雀石

白色
石灰和石膏

后来发生了什么

关于古埃及帝国崩溃的原因有许多种解释，其中一些解释甚至认为在它崩溃前1000年就已经埋下了祸根。这些原因包括权力和财富被少数精英控制，外籍军队势力扩大，以及过度扩张与资源有限的矛盾。

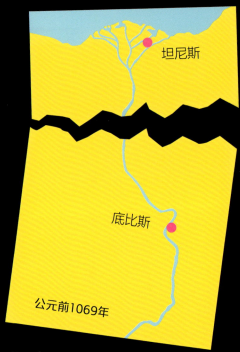

坦尼斯

底比斯

公元前1069年

分裂

在新王国末期，大约公元前1069年，古埃及分裂成了两个国家，一个首都在底比斯，另一个在坦尼斯。

30%

祭司阶层

祭司阶层的权力在于他们控制了大片古埃及土地——相当于全国面积的30%，而剩余的土地不足以供养其他人民。

大约在公元前525年，强大的波斯帝国控制了古埃及。尽管后来古埃及人曾短暂地恢复自由，但由于他们的内斗，波斯很快又一次征服了古埃及。

亚历山大大帝

公元前332年，马其顿国王亚历山大大帝入侵并征服了古埃及。他兴修了许多新城市，其中一座是亚历山大港。当亚历山大帝国瓦解后，他的将军托勒密接过了古埃及的控制权，建立了托勒密埃及王朝。

公元前30年，最后一位法老死亡。当克利奥帕特拉七世输给罗马军团并自杀后，古埃及成为罗马的一个省。

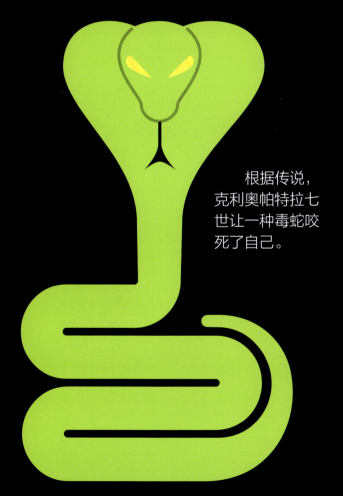

根据传说，克利奥帕特拉七世让一种毒蛇咬死了自己。

根据一些材料，古埃及每年向罗马帝国供应

42000吨

谷物，相当于1700座自由女神像的质量。

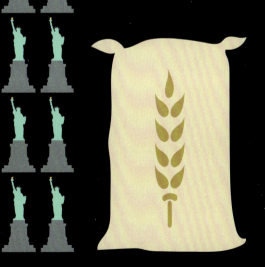